Histoire de Tahiti

Histoire de Tahiti

Sa découverte et ses habitants

Alfred G. Mayer
Pierre de Coral

Editions Le Mono

Collection «*Les Pages de l'Histoire* »

Connaître le passé peut servir de guide au présent et à l'avenir.

ISBN : 978-2-36659-425-6
EAN : 9782366594256

« Le Tahitien touche à l'origine du monde et l'Européen à sa vieillesse. L'intervalle qui le sépare de nous est plus grand que la distance de l'enfant qui naît à l'homme décrépit. »

(Diderot, *Mélanges philosophiques*.)

Chapitre 1

Découverte de l'île polynésienne

S'étendant loin des sentiers de commerce et d'exploration, l'île de Tahiti est demeurée inconnue jusqu'à ce qu'en 1767, année où le navigateur anglais Samuel Wallis a vu ses pics splendides au cours de son voyage autour du monde avec la frégate *Dauphin*. Il est vrai que Pedro Fernández de Quiros, capitaine portugais au service de l'Espagne, avait déclaré avoir découvert Tahiti le 10 février 1606, mais le récit de son voyage n'a pu convaincre grand monde ; certains disent même que l'île découverte par l'explorateur portugais était peut-être un atoll des Tuamotu.

L'île de Tahiti, à sa découverte, était alors gouvernée par un chef nommé *Amo*, dont la famille régnait depuis plus de 150 ans. Les indigènes, étonnés plutôt qu'effrayés à la vue du navire de *Wallis*, laissèrent débarquer les Européens ; mais bientôt, des querelles s'étant élevées pour des motifs assez futiles, on prit les armes des deux côtés ; la mousqueterie des Anglais eut vite raison des casse-têtes et des lances des Tahitiens, dont un grand nombre périt dans cette sanglante affaire ; le chef *Amo* et sa femme, nommée *Obera*, s'empressèrent de traiter avec *Wallis*, et des relations amicales ne tardèrent pas à s'établir de part et d'autre ; les Anglais furent si bien accueillis et les Tahitiens si contents des blancs qu'on se sépara avec peine (juin 1767).

Tahiti est situé dans la latitude sud 17°40' et la longitude ouest 149°25'. En d'autres termes, au bout du monde, et presque au centre de l'océan Pacifique. L'île semble dessiner une figure géographique en forme de *8* ; étant constituée d'un îlot jumeau, composé de deux masses ovales reliées par l'isthme faible et étroit de Taravao. Le grand axe de l'île s'étend du nord-ouest au sud-est. La plus grande masse terrestre, appelée le Grand Tahiti, ou Tahiti-uni, a environ quatre fois la région du Petit Tahiti (Tahiti-iti) qui se trouve au sud-est. La longueur totale de la ligne de côte n'est pas supérieure à 120 milles, et la superficie de toute l'île n'est que d'environ un tiers de celle de l'État du Rhode Island.

Wallis dit de cette île qu'il venait de découvrir :

Le pays a l'apparence la plus délicieuse et romantique que l'on puisse imaginer: il est recouvert d'arbres fruitiers de diverses sortes, en particulier le cocotier. Parmi ces arbres se trouvent les maisons des habitants, composées seulement d'un toit, et ressemblent grandement à des granges. On y voit de hautes collines coiffées de bois, et se terminant en pics d'où les grands fleuves se précipitent vers la mer. Nous avons trouvé l'île contournée par un récif de corail.

Coucher du Soleil sur Eimo vu du rivage de Tahiti

Peu de temps après le départ de Wallis, le navigateur français Louis Antoine de Bougainville découvre à son tour Tahiti. Il faisait le tour du monde, commandant *la frégate du roi La Boudeuse et la flûte l'Étoile*. Il donna à l'île le nom de *Nouvelle-Cythère* et en partit enthousiasmé et émerveillé. Après lui vint le fameux navigateur anglais James Cook en 1768. C'est dans ses relations que nous pouvons trouver un tableau véridique de ce qu'était alors la population Tahitienne. Cook estimait que les habitants de l'île étaient au nombre de deux cent à trois cent mille ; il établit son calcul sur le nombre de pirogues et de combattants qu'il vit : les premières étaient au nombre de 370, et les combattants au nombre de 8,000.

Les habitants de l'île

La situation des indigènes de Tahiti à sa découverte est bien décrite dans les «Mémoires d'Ariitaimai» de la grande famille Papara de Tahiti. On y lit :

> *Pendant quarante générations, ces gens (les Polynésiens) avaient été isolés dans cet océan, comme s'ils étaient dans un sanatorium... Ils étaient comme des enfants dans leur morale et leur inconscience. Les Européens venaient non seulement bouleverser toutes leurs idées morales, mais aussi tout leur système politique.*

Tahiti était un système féodal caractéristique de la Polynésie, les principaux chefs dépendaient de la subsistance et du soutien politique des propriétaires terriens. A Tahiti, comme ailleurs en Polynésie, on croyait que les chefs suprêmes des quartiers (les *Ariirahi*) descendaient des héros ou des dieux de mythologie et ils étaient considérés comme sacrés, renforçant ainsi leur position en temps de crise politique.

Avant que les missionnaires n'arrivent, il n'y a jamais eu de «roi» dont l'autorité ait été reconnue sur tout le Tahiti, mais le respect témoigné aux Ariirahi était si grand que les gens enlevaient leur vêtement en passant devant leur maison, en signe de respect, comme ils le font aussi pour les dieux. Quand ils voyageaient, les chefs étaient portés sur le dos d'un gardien.

Dans leurs relations conjugales, toutes les femmes étaient les épouses de tous les hommes. La femme de chaque homme était aussi la femme de son ami.

Comme ailleurs en Polynésie, le rang descendait par la mère et, pour maintenir leur classe supérieure, les descendants des chefs se mariaient seulement entre familles.

NATIF DE TAHITI.

Le cannibalisme était inconnu à Tahiti au moment de sa découverte. La légende raconte que deux frères cannibales, les Taheeai, ont finalement été tués par la trahison par un Tahitien Hercules, à la joie de tous les habitants. Aussi au moment de la visite de James Cook, l'œil du sacrifice humain était placé dans les lèvres du haut-chef, et le nom original la reine Pomare était *Aimata*, «le mangeur d'yeux».

Comme avec les Aztèques, les sacrifices semblent être devenus plus nombreux immédiatement après la venue de l'homme blanc. Les criminels ou les esclaves captifs pris en guerre étaient immolés pendant des cérémonies publiques comme à l'occasion de l'inauguration d'un nouvel Ariirahi, mais les sacrifices communs consistaient à tuer des cochons dont les corps restaient décomposés sur les autels comme nourriture pour les dieux qui venaient s'en régaler sous la forme d'oiseaux charognards.

UN TAHITIEN AVEC DES RÉGIMES DE BANANE PLANTAIN.

Comme ailleurs en Polynésie, les êtres vénérés étaient les esprits des ancêtres disparus, car pour le simple esprit toutes les choses de la nature sont de sa propre parenté, le monde a été fait par un dieu semblable à l'homme pour l'homme et toutes choses autour de lui. Ainsi le soleil était un fantôme qui plongeait sous la mer la nuit, la lune était la femme du soleil et les étoiles étaient leurs enfants. Chaque chute d'eau, le sommet de la montagne et la vallée avaient un esprit bon ou mauvais.

Les cérémonies associées au culte des esprits ancestrales se faisaient habituellement sur les monceaux de pierres appelées *marae* que chaque *Arii* faisait ériger dans son quartier, chacun de ses serviteurs contribuant à la construction de deux pierres.

DEUX TAHITIENS EN TRAIN DE FAIRE DU FEU EN
FROTTANT DEUX BÂTONS D'HIBISCUS SÉCHÉS L'UN
CONTRE L'AUTRE.

PÈRE ET FILLE, SUR L'ÎLE DE BORA BORA.

Chapitre 2

L'histoire générale de Tahiti

Le navigateur James Cook fit trois voyages à Tahiti. Après son premier voyage en 1768 ; il y débarque pour la deuxième fois en 1773. — Mais, auparavant, un Espagnol, nommé *Bonechea*, ignorant les voyages de ses prédécesseurs, débarqua en 1772 dans le sud de l'île, près de *Tautira*. Bien reçu par les indigènes, le commandant espagnol laissa dans l'île deux prêtres catholiques, après leur avoir fait construire une maison par ses matelots ; près de la porte de cette maison, il fit graver une croix sur laquelle il inscrivit d'un côté : « *Christus vincit* », et de l'autre : « *Carolus III imperat* ». Puis il continua son voyage vers l'ouest ; mais, étant tombé gravement malade, il fut forcé de revenir à *Tahiti* quelques mois après. — C'est là qu'il mourut, et ses compagnons l'ensevelirent près de la maison qu'il avait fait construire ; les missionnaires catholiques rentrèrent en Europe avec le vaisseau. À son troisième voyage en 1777, James *Cook* alla visiter son tombeau, et sa relation nous apprend que les Espagnols avaient fait les plus grands efforts pour s'attirer l'affection des habitants ; ceux-ci ne parlaient d'eux qu'avec vénération et respect.

Dans ce dernier voyage, le capitaine Cook constate aussi le décroissement sensible de la population, dû aux maladies que les blancs avaient apportées ; de plus, le prestige du chef *Amo* allait en s'amoindrissant tous les jours ; l'arrivée des Européens et sa défaite contre *Wallis* lui avaient été fatales ; son peuple commençait le croire moins puissant, moins favorisé des dieux ; au contraire, un autre chef subalterne, nommé *Otou*, qui se fit appeler ensuite *Pomaré*, profitant habilement de la situation où se trouvait son district, placé près de l'endroit où les différents navires venaient mouiller, accablait de son amitié tous les navigateurs, et passait, aux yeux du peuple, pour l'ami et le préféré des blancs, dont on connaissait la puissance et dont on craignait le ressentiment. Usant d'habileté, de ruse et d'adresse, il arriva à se concilier la plupart des petits chefs de l'île, qui firent bientôt cause commune avec lui. Se sentant alors assez fort, il démasqua ses projets et se posa en roi absolu de toute l'île. Ses prétentions, appuyées par tous ses alliés et par les déserteurs d'un navire de guerre anglais, la « *Bountry* », le firent triompher, les armes à la main, de tous ses rivaux.

Maître de Tahiti, il fit reconnaître son fils comme souverain de l'île, sous sa régence toute-puissante (1791) ; puis, continuant ses conquêtes, il entreprit de soumettre les autres archipels qui composent les îles de la Société ; les îles *Sous-le-Vent* : *Bora-Bora*, *Raiatea*,

Huahiné, se soumirent d'abord. Il songeait ensuite à conquérir les îles *Pomotou*, quand l'arrivée d'un navire anglais, le « *Duff* », vint changer le cours de ses idées. Ce navire amenait dans l'île les premiers missionnaires méthodistes (1797), envoyés par la Société des missions de Londres. Leur départ fut facilité par le gouvernement anglais, « qui voyait en eux des apôtres explorateurs, qui, tout en servant la cause de la civilisation au prix de dangers réels, de grandes privations, souvent aussi aux dépens de leur existence, devaient porter, partout où ils prendraient pied, le nom de leur pays, son influence, ses mœurs, et par là faciliter les voies d'une occupation future, si le gouvernement jugeait convenable de l'accomplir un jour ».

Devinant de suite le parti qu'il pouvait tirer de ces missionnaires, *Pomaré* les accueillit avec de grandes démonstrations d'amitié, leur donna des terres et des matériaux pour construire un temple et des habitations.

Il espérait que cette protection qu'il donnait si généreusement aux missionnaires, lui serait accordée à son tour par l'Angleterre. Il ne se trompait pas : une nouvelle guerre ayant éclaté dans l'île, *Pomaré* triompha encore de ses ennemis, grâce au navire anglais le « *Norfolk* » qui lui prêta son concours, sur la recommandation de ses protégés. Cette fois, la victoire de *Pomaré* fut décisive, et toute l'île reconnut son autorité sans contestation.

C'est au milieu de son triomphe qu'il mourut, laissant le pouvoir à son fils, qui prit le nom de *Pomaré II* (3 septembre 1803).

Le nouveau roi ne le cédait en rien à son père comme habileté et astuce : aussi commença-t-il à protéger les missionnaires ; il leur promit même de détruire les idoles à *Tahiti*, de faire cesser les sacrifices humains ; mais il leur demandait, en même temps, beaucoup de fusils, beaucoup de poudre, parce que, disait-il, les

« guerres sont fréquentes, et si j'étais tué, vous n'auriez plus rien à Tahiti ».

Du reste, d'un naturel violent et emporté, jaloux et d'une autorité despotique, *Pomaré II* ne tarda pas à mécontenter l'île tout entière ; on lui reprochait ses déprédations, ses abus de pouvoirs et les complaisances aveugles qu'il avait pour les guerriers des îles *Sous-le-Vent* qui composaient presque exclusivement son armée. Toute l'île murmurait, et une cause en apparence futile alluma bientôt une terrible guerre civile. Un de ces guerriers des îles *Sous-le-Vent* prit de force une femme tahitienne. La révolte éclata de tous côtés, et, après plusieurs sanglants combats, *Pomaré*, vaincu, fut chassé de *Tahiti* et obligé de se réfugier dans l'île de *Morea* (île voisine de Tahiti), en 1809.

La défaite du roi fut fatale aux missionnaires : le parti vainqueur se tourna contre leur établissement, le détruisit et les obligea à se réfugier à bord d'un navire anglais, la « *Persévérance* », qui fit voile pour *Port-Jackson*. Un seul d'entre eux, M. *Nott*, rejoignit *Pomaré* à *Morea*.

Tahiti ne tarda pas à être livrée à l'anarchie la plus profonde : tous les chefs vainqueurs se disputaient l'héritage de *Pomaré* ; les désordres les plus grands eurent alors lieu, et des scènes de sauvagerie de toute sorte désolèrent l'île ; deux navires anglais, le « *Queen-Charlotte* » et le « *Daphné* », ayant abordé à *Tahiti*, les équipages furent impitoyablement massacrés, représailles exercées par les Tahitiens contre l'appui que les Anglais avaient toujours procuré à *Pomaré*.

Pendant que ces faits se passaient à *Tahiti*, le roi ne négligeait rien pour tâcher de ressaisir le pouvoir : il se rapprochait de M. *Nott*, et, se laissant instruire par lui, il paraissait disposé à vouloir embrasser le christianisme ; ses progrès furent même rapides de ce côté, et soit qu'il voulût donner à l'Angleterre, dans la personne de son missionnaire, un gage sérieux de son amitié, soit qu'il voulût se venger de ses anciens dieux qui l'avaient trahi et abandonné, il demanda à recevoir le baptême. Nouveau Clovis, il espérait que ce Dieu dont on lui vantait le pouvoir et la puissance triompherait de ses ennemis et le rendrait victorieux.

Mais, non content de cet appui moral, il ne dédaignait pas les moyens matériels : aussi, afin de lier plus étroitement les îles *Sous-le-Vent* à sa fortune, il épousa la fille de *Tamatoa*, chef de *Raiatea ;* il savait que les guerriers de ces îles étaient supérieurs en valeur et en courage à tous ceux des archipels voisins, et que l'espoir du pillage les entraînerait facilement à le suivre dans une expédition contre *Tahiti*.

Ainsi, pendant que les chefs de *Tahiti* allaient en s'affaiblissant de jour en jour, *Pomaré II* augmentait ses forces et ses chances de succès.

Tous ses préparatifs étant terminés, il résolut de débarquer à *Tahiti* et de reconquérir son trône ; escorté par une flotte nombreuse de guerriers, il fit voile sur l'île et y aborda vers la fin de mars 1815. Coïncidence étrange et remarquable : c'était la même année, le même mois, où, sur l'autre hémisphère, un autre conquérant célèbre venait aussi, après un exil, débarquer dans son ancien empire et reconquérir son trône.

Le débarquement des troupes de *Pomaré* eut lieu sans difficultés ; il avait plus de huit cents combattants avec lui, qui tous, imitant l'exemple de leur chef, s'étaient faits chrétiens : aussi, dès que les guerriers eurent touché terre, on célébra un service solennel pour remercier Dieu de sa protection ; leurs ennemis, espérant les surprendre, marchèrent contre eux, et comme les partisans de *Pomaré* s'apprêtaient à se défendre, ce prince se leva et leur dit « qu'ils étaient sous la protection de Jéhovah, et qu'étant réunis pour l'adorer, aucune considération ne devait les déranger, même l'approche de l'ennemi ». On lui obéit, et ses guerriers ne se rangèrent en bataille que lorsque le service divin fut achevé ; la lutte devint bientôt des plus sanglantes, et la victoire resta longtemps incertaine ; mais le principal chef des idolâtres ayant été tué, les autres prirent la fuite de tous côtés.

C'est alors que *Pomaré*, mettant en pratique les principes de sa nouvelle doctrine, ordonna à ses troupes de suspendre le massacre des fuyards ; il fit même plus, il pardonna aux vaincus, et leur rendit, leurs terres. Cet acte de clémence, inusité dans les guerres tahitiennes, porta son renom au plus haut point ; tous ses ennemis firent leur soumission, et tous à l'envi, imitant leurs vainqueurs, demandèrent et reçurent le baptême. Le culte des faux dieux fut abandonné, les idoles renversées, et le triomphe du christianisme fut aussi complet que celui de *Pomaré II*.

Ainsi les missionnaires, devant le nombre croissant des néophytes, demandèrent du renfort en Angleterre, à la Société des Missions.

Maître incontesté de l'île, le roi s'occupa de lui donner des lois. Il fit rédiger un code, qui débutait ainsi : « *Pomaré*, par la grâce de *Dieu*, roi de *Tahiti*, de *Morea* et des terres environnantes, etc., à tous ses fidèles sujets, au nom du vrai *Dieu, Salut*. »

Ce code se divisait en 19 articles qui étaient :

1er. Du meurtre.
2° Du viol.
3° Des déprédations commises par les cochons.
4° Des objets volés.
5° Des objets perdus.
6° De l'achat et de la vente des objets.
7° De l'inobservance du jour du sabbat.
8° De l'excitation à la guerre.
9° Des hommes ayant deux femmes.

10° Des femmes abandonnées avant l'introduction de l'Évangile.

11° De l'adultère.

12° Des femmes ou des maris délaissés.

13° Du sujet de fournir des vivres à sa femme.

14° Du mariage.

15° Au sujet des faux rapports.

16° Des juges.

17° De la forme des jugements.

18° Des cours de justice.

19° Des lois en général.

L'année suivante, *Pomaré II* mourut, laissant comme héritier un fils âgé de 5 ans (1821).

Le jeune *Pomaré III* fut couronné solennellement par les missionnaires anglais, avec le cérémonial employé en Europe, en pareille circonstance. Rien ne manquait au cortège : jeunes filles jetant des fleurs, guerriers illustres portant la couronne, le livre de la Constitution, le code des lois, la fiole renfermant l'huile sainte de l'onction ; enfin venait le jeune roi, entouré de sa famille et des missionnaires, porté par quatre chefs pris parmi les plus nobles.

Avant de lui donner l'onction, le chef des missionnaires lui dit :

« Promettez-moi de gouverner votre peuple avec justice et bonté, conformément à la parole de Dieu. »

« — Je le promets, et qu'ainsi Dieu me soit en aide », répondit le jeune roi.

Alors le missionnaire, lui mettant, la couronne sûr la tête, lui dit :

« *Pomaré*, je vous couronne roi de *Tahiti*, de *Morea* et des archipels voisins. »

Et le peuple de s'écrier : « *Vive le Roi* » ! puis une amnistie générale fut prononcée, et de grandes réjouissances publiques ordonnées.

Le lendemain du sacre, le jeune roi rentrait à l'école que les missionnaires avaient fondée à

Morea, sous le titre pompeux d'Académie des mers du Sud ; il montrait beaucoup d'intelligence et promettait d'être tout dévoué à ses maîtres, lorsqu'une épidémie de dyssenterie, qui faisait de grands ravages dans l'île, l'emporta.

Pomaré III mourut en 1827, laissant la couronne à sa sœur *Aimata*, âgée seulement de 12 ans.

Cette jeune princesse était apte à succéder à son frère, en vertu de la Constitution tahitienne qui avait été calquée, dans ses éléments principaux, sur la Constitution anglaise, et, selon la coutume tahitienne aussi, elle prit le nom de son père, et se fit appeler *Pomaré IV* ou Pomaré Vahiné.

Son avènement dérouta un peu les missionnaires : la fin subite de leur élève les avait pris au dépourvu. Les Tahitiens profitèrent de leur déconvenue momentanée, et une réaction signalée eut lieu dans les mœurs comme dans les coutumes.

Repoussant les idées de piété et de dévotion qu'ils avaient eues jusque-là, les habitants de *Tahiti*, encouragés tacitement par la jeune reine, et surtout par son entourage, recommencèrent leurs anciennes orgies, et laissant de côté ce qu'ils trouvaient gênant dans la religion chrétiens formèrent une nouvelle secte, compromis bâtard entre leur ancienne et leur nouvelle religion. Cette secte, appelée secte des « *Mamaia* », s'appuyait sur l'autorité de l'Écriture, et en particulier sur l'exemple de Salomon ; elle professait les doctrines suivantes : « Si Salomon, tout sage qu'il était, avait eu plusieurs femmes, pourquoi ne pourrions-nous pas en avoir aussi quelques-unes et surtout en changer ? Que les hommes prennent des femmes et en changent au gré de leur caprice, que les femmes en fassent autant, que les jeunes gens aient une liberté sans limites. »

« De plus, il n'y avait point de punitions ni enfer dans l'autre vie ; tout le monde devait être heureux, tout le monde devait aller au ciel ; et dans ce ciel, véritable paradis de Mahomet, de nouveaux plaisirs y étaient réservés avec des femmes qui ne vieilliraient pas, et, au milieu des festins, des danses, des réjouissances, des fêtes, le bonheur devait être éternel. »

Cette morale était trop dans les goûts de la population, pour ne pas réussir : aussi les effets ne s'en firent-ils pas longtemps attendre, et si nous en croyons M. *Mœrenhout*, témoin oculaire de ces saturnales, on vit bientôt « toutes les lois tombées dans le mépris ; partout une licence effrénée ; les femmes allaient librement à bord des navires, le jour comme la nuit ; et, vers le soir, on les voyait s'embarquer par troupes avec les marins, ou conduites à bord en pirogues, par leur père, frère ou mari, devenus eux-mêmes des agents de prostitution ; les filles, dès l'âge le plus tendre, étaient vendues aux étrangers par leurs parents, souvent même par leur mère, et devaient, de gré ou de force, se livrer à la débauche. Elles arrivaient de toutes les parties de l'île à *Papeete*, et la corruption y était cent fois plus générale, plus positive, plus répandue dans toutes les classes qu'au temps même où ils professaient une religion qui permettait ces excès, regardés par eux comme naturels et sans conséquence. »

En vain les missionnaires, parmi lesquels se trouvait alors le fameux *Pritchard*, récemment arrivé à *Tahiti*, s'élevaient-ils contre ces débordements ; en vain proféraient-ils menaces et anathèmes : rien n'y faisait, la jeune *Pomaré IV* donnait l'exemple elle-même, et tout le peuple l'imitait avec enthousiasme.

Pourtant, les principaux chefs de l'île finirent par s'apercevoir que ces orgies continuelles conduisaient l'île à sa perte ; le commerce n'existait plus ; l'agriculture, les travaux, les routes, tout était abandonné, tout était mis de côté : aussi, après s'être entendus avec les missionnaires, ils convoquèrent une grande assemblée où les chefs *Tati, Paofai et Utoti* prononcèrent d'éloquents discours contre la secte nouvelle. Après de longs débats contradictoires, l'assemblée vota des peines très sévères contre les principaux auteurs du désordre, et, malgré l'intervention de Pomaré IV, ils furent condamnés, les uns au bannissement perpétuel, les autres durent accomplir le tour de l'île sur le récif.

Tahiti est en effet entourée de toutes parts par un récif de corail, ceinture madréporique qui l'environne à plusieurs milles du bord ; or, ce récif offre en différents endroits des coupures ou passes assez larges. Ces malheureux durent donc exécuter ce trajet tantôt les pieds déchirés par le récif, tantôt à la nage, exposés à se noyer ou à être dévorés par les requins. — À la suite de ces châtiments, la tranquillité se rétablit, et l'île reprit son ancienne physionomie. C'est ainsi que la vit *Darwin*. Le célèbre naturaliste anglais arriva à Tahiti au mois de novembre 1835, avec le « *Beagle* », capitaine Fitz-Roy. La description qu'il fait de l'île mérite d'être rapportée ; il la divise en trois zones : « La première, dit-il, doit son humidité et par conséquent sa : fertilité à ce qu'elle est absolument plate ; elle est, en effet, à peine élevée au-dessus du niveau de la mer, et l'eau s'y écoule très lentement. — La zone intermédiaire ne plonge pas, comme la zone supérieure dans une atmosphère humide et nuageuse et reste par conséquent stérile ; les bois de la zone supérieure, sont fort jolis ; les fougères arborescentes remplacent les cocotiers que l'on trouve sur la côte ; il ne faudrait pas supposer, cependant, que ces forêts soient aussi splendides que celles du Brésil. On ne peut, d'ailleurs, s'attendre à trouver sur une île un nombre aussi considérable de productions que sur un continent.

« L'île entière est si montagneuse, que le seul moyen de pénétrer dans l'intérieur est de suivre les vallées ; bientôt la vallée elle-même se rétrécit, les montagnes qui la bordent s'élèvent et prennent l'aspect de véritables précipices ; de chaque côté les murs sont presque verticaux ; cependant ces couches volcaniques sont si molles, que des arbres et de nombreuses plantes poussent dans toutes les crevasses. Ces murailles ont au moins quelques milliers de pieds de hauteur. J'avais vu dans les Cordillièrès des montagnes bien plus considérables, mais rien qui puisse se comparer à celles-ci au point de vue de l'aspérité du terrain. Il est impossible de jeter les yeux sur les plantes qui vous entourent sans ressentir une grande admiration. De toutes parts, des forêts de bananiers, dont les fruits, quoique servant à l'alimentation sur une vaste échelle, pourrissent sur le sol en quantité incroyable.

« Les montagnes rapprochées de la côte sont coniques et escarpées ; les roches volcaniques qui les composent sont coupées par de nombreux ravins qui se dirigent tous vers le centre de l'île. — Les terres cultivables ne consistent guère qu'en une bande de sol d'alluvion accumulée autour de la base des montagnes et protégée contre les vagues de la mer par un récif de corail qui entoure toute l'île. Entre ce récif et la côte, l'eau est aussi calme que serait celle d'un lac. Ces terres basses, qui s'étendent jusqu'au bord de la mer, sont recouvertes par les plus admirables produits des régions intertropicales. »

Darwin assista aussi à une réunion des chefs tahitiens, et rend hommage, dans sa relation, à leur éloquence naturelle.

Le *Beagle* quitta Tahiti au mois de novembre 1835.

C'est vers cette date que les premiers missionnaires catholiques français abordèrent dans l'île. Leur tâche était difficile et délicate : il fallait non seulement prêcher une religion qui, tout en étant autre que celle des missionnaires méthodistes, ne présentait pourtant pas assez de différence dans les doctrines essentielles pour que les indigènes pussent en comprendre les subtilités ; ils avaient en outre à lutter contre la toute-puissance des missionnaires anglais, qui allaient considérer comme des ennemis dangereux ces nouveaux arrivés, qui, en voulant détruire leur culte, les atteignaient dans leur prestige et leur autorité. C'est en vain que les catholiques offrirent des présents à la reine, pour tâcher de se la concilier. Les missionnaires protestants, et à leur tête Pritchard, qui venait d'être nommé consul d'Angleterre, les firent enlever de vive force et les renvoyèrent aux îles

Gambier, d'où ils étaient partis. Ce procédé brutal donna lieu à une protestation indignée que les missionnaires catholiques transmirent au consul français à Valparaiso. Celui-ci l'envoya au ministre des affaires étrangères, le comte Molé, qui, à son tour, là fit parvenir à son collègue, l'amiral Rosamel, ministre de la marine, en lui écrivant : « Bien que la reine Pomaré n'ait fait que céder aux instigations des missionnaires méthodistes, vous jugerez sans doute, M. l'amiral, que si de tels actes de violence commis sur des citoyens français demeuraient impunis, il n'y aurait plus de sûreté dans les domaines de la reine de Tahiti pour ceux de nos navires qui y aborderaient en relâche forcée ou volontaire, et que la prudence autant que la dignité indique de confier à l'une des frégates en station dans la mer du Sud, la mission spéciale d'exiger du gouvernement tahitien une réparation éclatante et de faire paraître aussi souvent que possible devant cette île, des bâtiments de l'État. »

C'est ainsi que la frégate la « *Vénus* », commandée par Dupetit-Thouars, arriva le 29 août 1838 devant Papeete, la capitale de Tahiti.

La reine, épouvantée, s'empressa d'offrir toutes les réparations voulues : elle signa une convention dans laquelle elle promettait de laisser circuler librement et commercer tous les Français, qui devraient être traités, reçus et protégés dans l'île comme la nation la plus favorisée. Elle paya une indemnité de deux mille piastres, et finalement écrivit la lettre d'excuse suivante au roi des Français :

« Que la paix soit avec vous. Voici ce que je désire faire savoir à Votre Majesté. J'ai été en erreur en m'opposant à la résidence des deux citoyens français. Que Votre Majesté ne soit pas trop fâchée de ce que j'ai fait à leur égard. Que la paix soit rétablie. Je ne suis souveraine que d'un petit et insignifiant pays ; que le savoir, la gloire et le pouvoir soient avec Votre Majesté ; que votre colère cesse, et pardonnez-moi l'erreur que j'ai commise. Que la paix soit avec Votre Majesté.

Signé : POMARÉ. — 29 août 1838. »

Content de ces réparations la « *Vénus* » partit de Tahiti. Mais le bâtiment était à peine hors de vue que la reine, conseillée par Pritchard, essayait d'éluder le traité. Elle écrivait à la reine d'Angleterre pour lui demander sa protection, et faisait voter par l'assemblée des chefs une loi contre la propagation des doctrines contraires au culte évangélique ; en même temps, nos nationaux étaient molestés dans leurs personnes comme dans leurs intérêts.

Mais chaque fois qu'un bâtiment français paraissait à Tahiti, la crainte l'emportait alors, et c'étaient des protestations d'amitié et de dévouement qu'on prodiguait à leurs commandants, et si ceux-ci se plaignaient des traitements infligés aux Français, et en particulier aux missionnaires catholiques, le gouvernement tahitien s'empressait de les satisfaire en condamnant et en imposant de fortes amendes aux coupables, condamnations et amendes qui étaient remises dès que le vaisseau français partait. C'est ainsi que l'*Astrolabe* et la *Zélée*, commandant Dumont d'Urville (octobre. 1838), l'*Héroïne*, capitaine Cécille (décembre 1839), l'*Artémise*, commandant Laplace (avril 1839), le *Pylade*, capitaine Bernard (juillet 1840), reçurent tour à tour des réparations illusoires pour les justes réclamations dont ils se faisaient l'écho,

Pourtant ces visites incessantes, continuelles des navires français inquiétèrent Pritchard. Voulant à tout prix y mettre fin, il partit pour Londres, afin de réclamer lui-même l'annexion ou tout au moins la protection anglaise. Son voyage, très long, le fit débarquer en Angleterre dans un mauvais moment pour sa demande : il arriva au milieu des débats parlementaires occasionnés par le renversement du ministère tory par sir Robert Peel ; Pritchard fut à peine écouté et n'intéressa personne. Bref, il échoua complètement, et fut obligé de reprendre le chemin de Tahiti sans avoir rien obtenu.

Pendant son absence, le parti français à Tahiti s'accrut de nombreux chefs indigènes, que la crainte de Pritchard avait empêchés jusqu'à ce jour de se déclarer pour nous. Ces chefs tinrent une assemblée où ils résolurent de demander la protection de la France. Ils comprenaient facilement que, ballottés constamment entre l'Angleterre et la France. Leurs dissensions ne finiraient que du jour où l'une de ces puissances accepterait franchement la protection de l'archipel.

Ne recevant pas de réponse d'Angleterre, ils pensèrent donc à la France. La demande, signée par toute l'assemblée, acceptée même par la reine, allait partir pour l'Europe, quand un navire anglais, le *Curaçao*, arrivant à Tahiti (octobre 1841), vint changer leur résolution : la crainte de mécontenter l'Angleterre les arrêta, et, changeant immédiatement d'idées, ils recommencèrent à persécuter nos malheureux compatriotes, confisquèrent les terres des missionnaires catholiques et les empêchèrent d'exercer leur culte. Heureusement l'*Aube*, capitaine du Bouzet, arriva à Tahiti quelques mois après : les persécutions s'arrêtèrent immédiatement ; encore cette fois, le commandant demanda des amendes et des châtiments pour les coupables : tout lui fut accordé ; mais aussi, dès le départ de la frégate, tout fut suspendu. La reine, à ce moment, commençait à se désintéresser de son gouvernement. Retirée dans l'île de Morea, elle venait d'accoucher de son second fils, qui fut plus tard Tamatoa V, roi de Raiatea (1842).

Sur ces entrefaites, l'amiral Dupetit-Thouars, qui venait de prendre possession des îles Marquises au nom de la France, arriva à Tahiti. Il avait appris les nouvelles insultes faites à nos nationaux, et cette fois il était bien décidé à en obtenir une réparation éclatante. À peine arrivé, il écrivit à la reine Pomaré, et après lui avoir exposé et énuméré tous ses griefs, il lui disait : « Est-ce donc là la protection égale à celle de la nation la plus favorisée à laquelle nous avions droit ? Est-ce là le traitement garanti à nos nationaux par les traités ? Non ; ils ont été violés et mis de côté, de la façon la plus outrageante pour la France, et c'est par l'impunité des criminels que les témoignages de la bienveillance du roi des Français sont reconnus… La reine apprendra qu'on ne se joue pas impunément de la bonne foi et de la loyauté d'une puissance comme la France. Puisque nous n'avons aucune justice à attendre du gouvernement de Tahiti, je ne demanderai point à la reine ou à ses chefs principaux de nouveaux traités : leur parole, à laquelle ils manquent sans cesse, ne peut plus aujourd'hui nous inspirer confiance ; des garanties matérielles seules peuvent assurer nos droits. »

Il exigeait alors : 1º une somme de 10,000 piastres comme indemnité et garantie des vexations à venir ; 2º à défaut de cette somme, les établissements de Tahiti seraient provisoirement occupés par les troupes françaises comme gage de l'exécution des traités et jusqu'à ce qu'il fût statué sur les indemnités dues à nos nationaux ; 3º en cas de l'inexécution de l'une ou l'autre des deux clauses, l'amiral déclarait qu'il se verrait alors dans l'obligation de prendre une détermination plus rigoureuse encore. En même temps il avertissait les consuls des puissances étrangères de prendre les mesures qu'il croyait nécessaires pour la sécurité de leurs concitoyens.

Devant ces justes revendications, les chefs tahitiens s'émurent d'autant plus, que beaucoup d'entre eux se sentaient coupables d'insigne mauvaise foi vis-à-vis des Français : aussi s'empressèrent-ils de réunir une assemblée générale, où de nouveau la proposition de mettre Tahiti sous le protectorat de la France fut décidée. Une députation de l'assemblée alla trouver la reine à Morea et la pressa de sanctionner les décisions des chefs. Pomaré accepta sans difficulté et immédiatement fit parvenir la lettre suivante à l'amiral :

« Tahiti, 9 septembre 1842.

« Parce que nous ne pouvons continuer à gouverner par nous-même, dans le présent état des choses, de manière à conserver la bonne harmonie avec les gouvernements étrangers, sans nous exposer à perdre nos îles, notre liberté et notre autorité, nous, les soussignés, la Reine et les Grands Chefs de Tahiti, nous écrivons les présentes pour solliciter le roi des Français de nous prendre sous sa protection, aux conditions suivantes :

« 1º La souveraineté de la reine et son autorité et l'autorité des chefs sur leurs peuples sont garanties.

« 2º Tous les règlements et lois seront faits au nom de la reine Pomaré et signés par elle.

« 3º La possession des terres de la reine et du peuple leur sera garantie. Ces terres leur resteront. Toutes les disputes relativement au droit de propriété ou des propriétaires des terres seront de la juridiction spéciale des tribunaux du pays.

« 4º Chacun sera libre dans l'exercice de son culte ou de sa religion.

« 5º Les églises existant actuellement continueront d'être, et les missionnaires anglais continueront leurs fonctions sans être molestés ; il en sera de même pour tout autre culte : personne ne pourra être molesté ni contrarié dans sa croyance.

« À ces conditions, la reine Pomaré et ses Grands Chefs demandent la protection du roi des Français, laissent entre ses mains, ou aux soins du gouvernement français, ou à la personne nommée par lui et avec l'approbation de la reine Pomaré, la direction de toutes les affaires avec les gouvernements étrangers, de même que tout ce qui concerne les résidents étrangers, les règlements de port, etc., etc… et de prendre telles mesures qu'il pourra juger utiles pour la conservation de la bonne harmonie et de la paix.

« Signé : POMARÉ. »

Suivaient les signatures des principaux chefs de l'île.

L'amiral Dupetit-Thouars répondit à la reine et aux chefs qu'il acceptait la proposition, sauf ratification de son gouvernement, et il fit part de sa détermination aux consuls étrangers et à la population tahitienne ; celle-ci témoigna sa satisfaction par de nombreuses fêtes et réjouissances, puis, le 15 septembre, il institua un gouvernement provisoire composé de trois membres, conseil qui devait gouverner l'île de concert avec la reine, en attendant les ordres de

France ; enfin il remettait un nouveau drapeau, dit du protectorat, à ce gouvernement provisoire. Ce drapeau se composait des couleurs tahitiennes, deux bandes rouges et une blanche au milieu, et dans l'angle supérieur, près de la hampe, les couleurs françaises. — Toutes ces mesures prises, l'amiral leva l'ancre le 19 septembre 1842.

Jusque-là les commandants des navires anglais et les missionnaires méthodistes avaient paru consentir à ces changements ; mais, le 25 février 1843, Pritchard revint d'Angleterre : il avait appris en route les événements survenus à Tahiti, et sa colère fut grande quand il sut que le protectorat français n'avait donné lieu à aucune protestation de la part de ses collègues ; il ne pouvait se résoudre à voir aussi facilement son autorité disparaître, tout son crédit s'évanouir : aussi mit-il tout en œuvre pour créer des embarras au gouvernement provisoire et pour tâcher de susciter un conflit entre les indigènes et les autorités françaises ; profitant de la présence sur rade du bâtiment qui l'avait, amené, la *Vindictive*, et dont il avait converti le capitaine à ses idées pendant le voyage, il effraya la reine Pomaré, et parvint bientôt à reprendre sur elle tout le crédit qu'il avait autrefois. Cette malheureuse princesse, obéissant toujours à la crainte, circonvenue et obsédée par Pritchard, finit par consentir a écrire une lettre à la reine d'Angleterre, dans laquelle elle disait, en parlant du traité du protectorat :

« Ô Reine, ce traité je ne le reconnais pas, ce sont les Chefs qui ont traité avec les Français et qui m'ont forcée. Défendez-moi, prêtez-moi une assistance puissante et prompte, et vous me rétablirez dans mon gouvernement. Mon amie, envoyez-moi promptement un grand vaisseau de guerre pour m'aider. »

Heureux détenir un pareil désaveu des agissements français, Pritchard ne perdit pas de temps ; il obtint du commandant de la *Vindictive* un officier pour porter cette lettre en Angleterre et fréta lui-même une goélette pour faire arriver plus vite ce messager à Panama.

Puis, pour se rendre favorable au peuple tahitien, il entreprit de modifier les lois qu'il avait lui-même inspirées quelque temps avant son départ pour l'Angleterre : il savait que la proscription des danses et des chants ne lui avait pas été pardonnée ; il voulut donc revenir sur ces premières défenses ; mais il rencontra une très vive opposition de la part des Chefs, qui tous, s'élevant contre l'indécence des danses, demandèrent le maintien des anciennes lois. — Pritchard ne se rebuta pas, il expliqua, décrivit les danses, prétendant que, loin d'être indécentes, elles étaient gracieuses, élégantes : rien n'y fit, les Chefs maintinrent leur avis. Alors, à bout de ressource (et ce détail montre bien jusqu'où ce missionnaire pouvait aller pour obtenir ce qu'il désirait), il se mit à les danser lui-même devant l'assemblée qui, étonnée d'abord, couvrit ensuite d'applaudissements ses ébats chorégraphiques et adoptèrent la loi, pour le remercier sans doute du spectacle incroyable qu'il venait de leur donner. Ses intrigues commençaient à porter leur fruit : on vit bientôt le pavillon du protectorat donné par l'amiral pour être arboré sur la demeure de la reine, remplacé par un autre pavillon, qui fut maintenu malgré les protestations et réclamations du gouvernement provisoire ; cette idée venait encore de Pritchard.

Les choses en étaient là quand heureusement l'amiral Dupetit-Thouars arriva des îles Marquises, où il avait reçu notification de l'acceptation du protectorat par le gouvernement français, qui lui annonçait en même temps la nomination du capitaine de vaisseau Bruat, comme gouverneur des

Établissements français de l'Océanie (1er novembre 1843).

Mis au courant de ce qui s'était passé pendant son absence, l'amiral en conçut une grande irritation ; il écrivit à la reine, lui demandant de s'excuser et d'exécuter franchement le traité qu'ils avaient conclu ensemble ; la reine refusa même de répondre. Réfugiée chez Pritchard, elle s'entêtait à ne rien vouloir accorder. Il fallait sortir de cette situation : aussi l'amiral lui annonça-t-il que si le lendemain, avant midi, son nouveau pavillon n'était pas amené, il donnerait cours à l'exécution des mesures qu'il avait arrêtées et qu'il prendrait possession définitivement de l'archipel des îles de la Société et dépendances. « Puisque, disait-il, le pavillon du protectorat n'a pas suffi à maintenir les droits de la France vis-à-vis de l'étranger, il se trouvait dans l'obligation de le remplacer par le drapeau français. »

Le lendemain matin, les ordres étaient donnés en conséquence : les forces françaises, composées des trois frégates la *Reine-Blanche*, l'*Uranie* et la *Danaé*, et d'une corvette, l'*Embuscade*, se tenaient prêtes à agir contre La ville ; tous les yeux étaient fixés sur la demeure de la reine, au-dessus de laquelle flottait toujours le pavillon incriminé ; à midi, il n'était pas encore amené : aussitôt le branle-bas est ordonné, on bat la générale, et au cri de : « Vive le Roi ! » le débarquement des forces françaises est ordonné.

L'occupation de Papeete eut lieu sans effusion de sang, fort tranquillement, et le service à terre fut ainsi organisé : M. d'Aubigny, capitaine de corvette, était nommé commandant particulier de Papeete. M. Quoniam, chef du service administratif ; le commandant d'infanterie de marine de Bréa, commandant supérieur des troupes ; Mariani, commandant de la place ; Somsois, directeur de l'artillerie, et Rambaud, du génie. Le capitaine de vaisseau Bruat était nommé gouverneur et investi de l'autorité supérieure.

La reine ne se découragea point, elle s'empressa d'écrire une lettre de supplication à Louis-Philippe :

« Ô Roi, lui disait-elle, j'ai été privée en ce jour de mon gouvernement ; ma souveraineté a été violée, et votre amiral s'est emparé, les armes à la main, de mon territoire, parce que j'étais accusée de ne pas observer le traité conclu le 9 septembre 1842.

« Je ne connais aucune partie du traité qui déterminait la nature de mon pavillon. Je proteste formellement contre la dure mesure prise par votre amiral ; mais j'ai confiance en vous, et j'attends ma délivrance de votre justice et de votre bonté pour une souveraine sans pouvoir.

« Ma prière, la voici : Puisse le Tout-Puissant adoucir votre cœur ! puissiez-vous reconnaître la justice de ma demande et me rendre la souveraineté et le gouvernement de mes ancêtres ! Soyez béni par Dieu, ô Roi, et que votre règne soit long et florissant : telle est ma prière.

« POMARÉ. »

En même temps Pritchard remplissait les journaux anglais de ses doléances et de ses plaintes ; il annonçait partout que c'en était fait du culte évangélique à Tahiti, et il réclamait des prières publiques en faveur de l'œuvre des missions protestantes en grand danger de disparaître dans l'Océanie.

Il savait, du reste, qu'il jouait un peu le tout pour le tout, car l'Angleterre avait reconnu le protectorat français, sans difficulté, et si son gouvernement ne l'avait pas absolument désavoué dans ses agissements, il lui avait fait comprendre, du moins, que son zèle était intempestif, en le changeant de résidence et en l'envoyant comme consul aux îles Samoa, Il espérait donc que, si le protectorat n'avait pas donné lieu à grande protestation, il n'en serait pas de même de la prise de possession de Tahiti.

L'opinion en Angleterre s'émut en effet de tous ces événements : il y eut échange de notes diplomatiques entre la France et l'Angleterre ; et le roi Louis-Philippe, qui aimait trop la paix par politique et par tempérament pour la voir compromise pour une île de l'Océanie, désavoua l'amiral Dupetit-Thouars dans sa prise de possession de Tahiti, en faisant insérer, le 24 février 1844, la note suivante dans le Moniteur :

« Le Gouvernement a reçu des nouvelles de Tahiti en date des 1er et 9 novembre 1843. M. le contre-amiral Dupetit-Thouars, arrivé dans la baie de Papeete le 1er novembre, pour exécuter le traité du 9 novembre 1832 que le Roi avait ratifié, a cru devoir ne pas s'en tenir aux stipulations de ce traité, et prendre possession de la souveraineté entière de l'île. La Reine a écrit au Roi pour réclamer les dispositions du traité qui lui assurent la souveraineté intérieure de son pays, et pour le supplier de la maintenir dans ses droits. Le Roi, de l'avis de son Conseil, ne trouvant pas dans les faits rapportés des motifs suffisants pour déroger au traité du 9 septembre 1842, a ordonné l'exécution pure et simple de ce traité et l'établissement du protectorat français dans l'île Tahiti. »

Pendant ce temps, les événements se précipitaient à Tahiti ; sans attendre la réponse de sa lettre, Pomaré, obéissant de plus en plus aux suggestions et aux conseils de Pritchard, s'embarqua, dans la nuit du 30 au 31 janvier 1844, sur le brick anglais *Basilick*, qui, mettant aussitôt à la voile, la conduisit dans l'île de Raiatea (*îles Sous-le-Vent*).

Pritchard voulait ainsi soustraire complètement la reine à l'influence française. Nul doute qu'une fois dans cette île, n'ayant d'autres relations qu'avec lui, ne subissant d'autres visites que la sienne, il ne parvînt complètement à la diriger, au gré de sa volonté. C'était aussi donner par sa fuite un désaveu complet aux manœuvres du gouvernement provisoire et montrer à ses sujets qu'elle préférait l'exil à la domination française.

Dès les premiers jours de février, en effet, des rassemblements hostiles aux Français commencèrent à se former dans la presqu'île de Taïrabu ; les indigènes quittaient leurs cases, emportaient ce qu'ils avaient de plus précieux et venaient rejoindre les meneurs de ces rassemblements, qui allaient devenir les chefs de l'insurrection : c'étaient les nommés Taviri, Pitomaï, Teraï.

Le gouverneur de Tahiti, M. le capitaine de vaisseau Bruat, résolut d'arrêter ces troubles dès le début. Laissant le commandement de la ville de Papeete à M. d'Aubigny, capitaine de corvette, il partit sur le vapeur *Phaéton* et se dirigea vers la presqu'île de Taïrabu. Cette presqu'île, située au sud de Tahiti, est séparée de l'île par une langue de terre assez étroite, appelée isthme de Taravao. Arrivé à cet endroit, le gouverneur fit commencer un fortin afin de couper les communications entre l'île et cette presqu'île, dont les habitants, plus éloignés du chef-lieu, s'étaient toujours montrés beaucoup plus entreprenants et beaucoup plus indépendants.

Les travaux de ce fort commencèrent immédiatement ; mais ils étaient loin d'être terminés quand des nouvelles inquiétantes, reçues de Papeete, forcèrent le gouverneur à rentrer dans cette ville. Son retour s'effectua par la côte est, où on avait signalé de nombreux rassemblements de révoltés. Il ne doutait pas que la vue d'un bâtiment à vapeur dans ces parages ne produisît un bon effet en intimidant les indigènes ; c'est en revenant de cette reconnaissance qu'il arriva le 1er mars à Papeete ; de graves événements avaient eu lieu pendant son absence.

Dès le 2 mars, devant l'effervescence continuelle des indigènes, M. d'Aubigny avait été obligé de proclamer l'état de siège de la ville de Papeete et de tout le territoire compris aujourd'hui entre la pointe de Fare-Ute et la batterie de l'*Uranie*. L'agression d'un indigène contre une de nos sentinelles, dans la nuit du 2 au 3 mars 1844, détermina M. d'Aubigny à un redoublement d'énergie. Convaincu que toute notre force résidait dans le prestige de la supériorité morale qu'il nous importait de ne pas laisser perdre au milieu d'une population excitée contre nous, et persuadé que le meilleur moyen d'en finir avec eux était de s'emparer de l'auteur et de l'instigateur de leur agitation, il se décida à faire arrêter Pritchard et à l'interner dans un blockhaus. En même temps, il distribua et fit afficher la proclamation suivante :

« Une sentinelle française a été attaquée dans la nuit du 2 au 3 mars : en représailles, j'ai fait saisir le nommé Pritchard, seul moteur et instigateur journalier de l'effervescence des indigènes. Ses propriétés répondront de tout dommage occasionné à nos valeurs par les insurgés ; et si le sang français venait à couler, chaque goutte en rejaillirait sur sa tête. »

En présence d'un aussi grave événement, M. Bruat agit à son retour avec la plus grande circonspection : il ne se dissimulait pas toute la portée et les conséquences de cette arrestation ; aussi essaya-t-il d'atténuer la mesure prise par M. d'Aubigny en faisant transférer Pritchard du blockhaus où il était, à bord du vaisseau français la *Meurthe* ; puis, profitant du départ du bâtiment anglais le *Cormoran*, il l'y fit embarquer, après avoir obtenu du capitaine que Pritchard ne serait débarqué sur aucune des îles de l'archipel de la Société. — Malgré ces précautions, cette arrestation eut un grand retentissement en Europe : ce fut un des faits importants de l'histoire extérieure du règne de Louis-Philippe.

Toutes les chancelleries européennes retentirent des protestations de Pritchard, qui, se donnant à tort le titre d'agent consulaire de S. M. B. à Tahiti (il ne l'était plus, comme nous l'avons vu plus haut ; il avait été changé et envoyé aux îles Samoa), dénonçait partout son arrestation comme arbitraire et illégale.

L'émotion fut si vive en Angleterre, qu'on crut à la possibilité d'une guerre, et le comte de Jarnac, notre ambassadeur à Londres, écrivait à ce sujet à M. Guizot, ministre des affaires étrangères :

« Les nouvelles de Tahiti ont produit en Angleterre la sensation la plus vive et la plus générale ; jamais, depuis mon arrivée à Londres, je n'ai vu un incident de la politique extérieure exciter une telle impression. Le parti religieux, si puissant en lui-même, si influent par ses affinités avec les sentiments les plus élevés comme avec les plus aveugles préjugés de ce pays-ci, s'est le premier ému. — Des réunions de saints ont été convoquées dans toute l'Angleterre ; des discours violents et amers ont été prononcés ; des imprimés et des gravures ont été répandus, reproduisant la proclamation de M. d'Aubigny et les diverses circonstances de l'arrestation et l'emprisonnement de M. Pritchard. Enfin, rien n'a été épargné pour lui concilier les sympathies populaires et pour l'élever au rang des martyrs de la foi évangélique. Sans vouloir reconnaître la position véritable de M. Pritchard, on répète, dans la société comme dans le public, qu'un consul d'Angleterre, agent de la Reine, a été, en plein exercice de ses fonctions, arrêté, incarcéré dans un véritable cachot, avec des procédés d'une sévérité telle que sa santé en a été gravement atteinte, expulsé enfin, sans qu'aucune accusation intelligible ait été produite contre lui. »

Dans une autre lettre, postérieure de quelques jours à la précédente, notre ambassadeur s'exprimait encore ainsi :

« Il est de mon devoir, de le dire à Votre Excellence, et certainement je ne suis plus seul à l'en informer, la guerre, ses conséquences probables, les ressources, les forces, les alliances respectives des deux pays sont devenues ici le thème général de la conversation ; et les classes qui par leurs habitudes et leurs intérêts seraient les moins portées à admettre ces formidables éventualités ; se prêtent aujourd'hui à les prévoir et à les discuter. L'impression dominante me paraît être que, par la force même de tant de circonstances adverses et par suite de l'état des esprits en France, une lutte est à la veille de devenir inévitable pour l'Angleterre... Je rappelle que les deux souverains « ayant proclamé solennellement, il y a peu de mois, une politique d'entente cordiale, il serait déplorable que l'année ne pût s'achever sans que les faits n'eussent démenti les assurances royales. »

Ce ne fut pas sans peine qu'on parvint à calmer le courroux britannique. L'entente s'établit enfin, grâce à une indemnité que le gouvernement français promit de payer à

Pritchard, indemnité qui devait être débattue et réglée sur les lieux par les amiraux anglais et français en station dans le Pacifique ; en outre, le commandant de Papeete, M. d'Aubigny, fut désavoué par le gouvernement français.

« Mais, alors, ce fut l'opinion française qui fut surexcitée : on rapprochait ce nouveau désaveu de la conduite d'un officier français de celui qu'on avait infligé récemment à l'amiral Dupetit-Thouars, et on voyait dans tous ces agissements la trace de la politique anglaise ; notre honneur national, nos intérêts étaient, disait-on, sacrifiés à cette ambitieuse puissance ; et pendant qu'on souscrivait en foule pour donner une épée d'honneur à l'amiral désavoué, la presse, commentant ironiquement un récent voyage que le roi venait de faire en Angleterre, trouvait que l'ordre de la Jarretière que Louis-Philippe venait de recevoir n'était pas une compensation suffisante donnée à la nation.

Ces questions portées à la Chambre par l'opposition donnèrent lieu à des débats très vifs. Toutes les pièces relatives à cette affaire furent déposées sur le bureau de la Chambre, qui discutait alors le projet de l'adresse (janvier 1845). Deux textes se trouvèrent en présence : celui de la commission et, un autre proposé sous formé d'amendement par M. Léon, de Malleville.

— Le premier était ainsi conçu (3e paragraphe) :

« Des incidents, qui au premier moment semblaient de nature à troubler les bons rapports de la France et de l'Angleterre, avaient ému vivement les deux pays et appelé toute l'attention de notre Gouvernement. Nous sommes satisfaits d'apprendre qu'un sentiment réciproque de bon vouloir et d'équité a maintenu entre les deux États cet heureux accord, qui importe à la fois à leur prospérité et au repos du monde. »

M. Léon de Malleville proposait la rédaction suivante :

« Nous sommes satisfaits d'apprendre que l'accord, si nécessaire au repos du monde, a été maintenu entre lès deux États ; mais nous regrettons qu'en concédant une réparation qui n'était pas due, il n'ait pas été tenu un compte suffisant des règles de justice et de réciprocité que la France respectera toujours. »

Cet amendement, développé par son auteur, soutenu par MM. Odilon Barrot et Dufaure, fut combattu d'abord au nom de la commission de l'adresse par M. de Peyramont et ensuite par M. Guizot, ministre des affaires étrangères, qui s'exprima ainsi :

« Dans la question de Tahiti, je veux montrer que la réciprocité des ménagements, des égards, des concessions a été constante et complète depuis le commencement jusqu'à la fin, et que si l'on dressait le compte de ce qui s'est passé des deux parts entre les deux Gouvernements, nous n'aurions pas à nous plaindre. Dressons ce compte. — Je prends le premier acte de l'événement, la prise du protectorat de Tahiti par la France : nous avons accepté ce protectorat pour consolider nos établissements des Marquises, pour que le pavillon national ne reculât pas à sa première apparition dans l'Océan Pacifique... Dans cette occasion, certainement ce n'est pas nous qui avons mis des ménagements, ce n'est pas nous qui avons eu des actes de complaisances et des concessions à faire. — Je passe au second acte, à la prise de possession de la souveraineté complète de Tahiti. Je le reconnais, c'est nous qui avons usé de ménagements ; nous avons pensé que la souveraineté absolue ne nous était bonne à rien à Tahiti, qu'elle changeait le caractère de notre établissement, qu'elle rendrait plus difficiles, plus délicates, les complications auxquelles cette question pouvait donner lieu entre l'Angleterre et nous. Nous avons refusé la souveraineté absolue ; nous avons bien fait, car, permettez-moi de vous le rappeler, le règne du protectorat provisoire avait traversé un espace de quatorze mois, avec des difficultés, avec des embarras, mais enfin sans aucun événement grave, sans aucune insurrection, sans aucun appel à la force matérielle. À peine la souveraineté absolue avait-elle été prise, que les séditions, l'insurrection ont éclaté ; un prétexte spécieux, puissant, avait été donné aux menées des uns, aux passions des autres, et ce qui n'était pas arrivé sous le régime du protectorat, le régime de la souveraineté absolu l'a à l'instant fait éclater. — J'arrive au troisième acte : l'explosion de la guerre civile et l'expulsion de M. Pritchard ; ce dernier a demandé qu'on fît à son sujet, sur les faits dont il était accusé, une enquête, une information ; qu'on le poursuivît, qu'on le jugeât. Il soutient à tort, je le crois, qu'il a été étranger à l'explosion de la guerre civile, à la prise d'armes ; il soutient qu'on n'aurait pas eu le droit de le condamner si on l'avait jugé. Nos agents de Tahiti n'ont pas cru devoir prendre cette voie : je crois qu'ils ont bien fait ; je crois que le procès aurait été difficile, dangereux, sur les lieux, et peut-être sans résultat. Peut-être, en effet, les preuves judiciaires auraient-elles manqué pour un conseil de guerre comme pour des jurés ; l'enquête aurait agité l'île et violemment entretenu l'état de trouble dans lequel elle était.

« Le gouvernement du Roi ne se serait considéré nullement comme responsable de ce qu'un jugement aurait pu prononcer, à Tahiti, sur les actes et le sort de Pritchard. Mais il a accepté, sur un acte politique et librement fait par ses agents, la responsabilité qui en est inséparable.

« Voilà, Messieurs, ce qui s'est passé à Tahiti. L'Angleterre jusqu'ici n'est encore pour rien dans l'affaire, elle avait fait ce qu'on lui avait demandé ; elle avait rappelé M. Pritchard ; nous n'avions rien à dire, rien à demander de plus.

« La nouvelle du renvoi de M. Pritchard arrive en Europe. Je ne vous retracerai pas l'effet qu'elle a produit en Angleterre : tout le monde le sait… Par des motifs très divers, l'émotion a été réellement publique ; elle avait atteint toutes les opinions, toutes les classes de la société. Nous avons donné à cette émotion le temps de se calmer, nous avons gardé une attitude passive et expectante… Après un mois, nous avons fait connaître au gouvernement britannique notre opinion et notre résolution. Que contient notre résolution ? que dit-elle ? Que nos agents avaient le droit de renvoyer Pritchard de

Tahiti et qu'ils avaient bien fait de le renvoyer, et puis nous ajoutions, comme je l'ai dit moi-même à notre agent dans le premier moment, qu'il y a eu certains procédés, certaines circonstances que nous trouvons regrettables et que nous improuvons. Et on s'étonne qu'après avoir dit cette vérité, nous ayons accordé une indemnité... Il y a lieu à une indemnité si les faits sont vrais ; les faits seront vérifiés sur les lieux ; par qui ? par les deux arbitres les plus élevés qu'il nous soit possible de choisir, l'amiral français et l'amiral anglais. Ils vérifieront les faits, et si ces faits sont tels que le dit Pritchard, s'il y a lieu à une indemnité, ils en arbitreront le montant. Voilà, au vrai, la situation, la voilà ramenée à sa parfaite exactitude, à sa parfaite simplicité... Nous nous sommes trouvés placés dans l'alternative de la transaction ou de la rupture. La transaction, dont la Chambre connaît les termes, nous a paru équitable et convenable ; le Gouvernement anglais en a jugé comme nous... Je suis convaincu que les deux Gouvernements, les deux pays se félicitent d'une telle transaction, au lieu d'une telle rupture. »

Malgré son discours, M. Guizot ne put parvenir à faire voter le paragraphe de l'adresse relatif à cette indemnité, qu'avec huit voix de majorité, et, sans les instances réitérées du Roi, il se retirait des affaires.

Telles furent, en Europe, les conséquences de l'arrestation de Pritchard. À Tahiti, elles furent encore plus graves, plus sérieuses ; cette nouvelle fut le signal d'un soulèvement d'autant plus violent, que les chefs promettaient au nom de Pritchard le secours et l'appui de l'Angleterre, et d'autant plus immédiat qu'ils voulaient profiter de la dispersion des troupes françaises dans tout l'archipel, dispersion qui ne permettait au gouverneur que de pouvoir leur opposer 500 hommes tout au plus. Aussi les insurgés commencèrent-ils immédiatement les hostilités en venant attaquer en nombre les ouvriers qui continuaient à élever le fort de Taravao. Ils comprenaient l'importance de cette position et ne voulaient pas, en la laissant fortifier, avoir leurs communications coupées entre eux. L'attaque fut vive et impétueuse, mais ils durent pourtant se retirer devant la ténacité des défenseurs (9 mars 1844). Étonné de leur audace et de leur bravoure, le gouverneur écrivait, après ce combat, au ministre :

« Ces hommes ne sont pas ce qu'on nous avait dit : ils ont montré beaucoup plus de résolution qu'on ne leur en supposait ; le canon même ne les a pas fait fuir. »

Comme représailles de cette attaque, le commandant Bruat alla débarquer sur la côte Est de l'île (district d'Hitiaa), dissipa sans engagements sérieux les insurgés et brûla plusieurs villages ; mais il dut s'arrêter à Mahaena devant des retranchements élevés par les insurgés et garnis de nombreux révoltés ; il se borna à reconnaître la position, l'insuffisance numérique des troupes dont il disposait ne lui permettant pas de faire davantage. Mais, de retour à Papeete, il fut assez heureux pour y voir arriver la frégate la *Chartre*, commandant Penaud (13 mars 1844). C'était là un renfort sérieux, dont il résolut de disposer pour attaquer les indigènes dans leurs positions ; pourtant, avant d'employer la force, le gouverneur écrivit aux chefs rebelles, promettant l'amnistie complète à ceux qui rentreraient à Papeete ; maïs sa tentative de paix ayant échoué, il résolut d'agir vigoureusement. Cinq cents hommes environ furent employés pour cette expédition ; l'*Uranie*, l'*Embuscade*, la goélette la *Clémentine* et le vapeur le *Phaéton* devaient y concourir.

Le débarquement eut lieu le 17 mars, et malgré une mer très mauvaise, qui mit à la côte plusieurs embarcations, tout le monde était à terre à dix heures. La position qu'il s'agissait d'enlever était très forte : elle consistait en trois retranchements et fossés de 6 à 7 pieds de profondeur, creusés parallèlement à la mer, sur une longueur de 1,800 mètres, et protégés du feu des bâtiments par un glacis ; ils étaient recouverts d'une toiture horizontale en branches et feuillages qui rendait les combattants invisibles, en leur donnant la facilité d'ajuster les assaillants et de les attendre presque à bout portant ; la retraite, il est vrai, était difficile, mais les indigènes, loin de songer à cette éventualité, confiants dans leur nombre qui dépassait 1,000, se croyaient inexpugnables.

M. Bruat prit les dispositions suivantes : pendant qu'une section protégera nos derrières, une autre doit s'emparer de la crête qui domine la hauteur où les insurgés ont arboré leur pavillon. La compagnie de débarquement de l'*Uranie*, déployée en tirailleurs, tournera les retranchements par la montagne, tandis que le gros des troupes, avec le commandant de Bréa, essayera de les tourner par la plage. Ces dispositions prises, l'ordre de marcher en avant est donné à onze heures, et immédiatement le feu commence aux cris de « Vive le Roi » ! Dès le début de la lutte, un incident vint augmenter l'enthousiasme de nos troupes : un chef indigène allié alla, malgré une pluie de balles, arracher et renverser le pavillon des rebelles ; pendant ce temps, les hauteurs étaient couronnées par nos troupes, et le mouvement de flanc commencé, le gros de la colonne marche alors sur la première redoute, engageant un feu très vif avec l'ennemi, la tourne et l'enlève par une brillante charge à la baïonnette ; la seconde redoute est enlevée dans le même élan. Soixante-dix-neuf cadavres, trouvés dans les retranchements, attestent de la vigueur de l'attaque et de l'énergie de la défense. Épouvantés de nos succès, les insurgés de la troisième redoute se retirèrent après une courte fusillade ; ils furent poursuivis jusque dans la montagne par le feu des bâtiments. À quatre heures et demie seulement le feu cessa. Les rebelles nous abandonnaient le champ de bataille, couvert de 102 des leurs ; de notre côté, nous perdîmes 15 hommes, dont deux officiers, MM. de Nansouty, enseigne de vaisseau, et Seignettes, sous-lieutenant d'artillerie ; nous avions en outre 51 blessés. (*Combat de Mahœna*, Ann. Maritimes.)

Ce brillant fait d'armes intimida les révoltés : beaucoup se soumirent ou affectèrent de le faire ; une tranquillité relative parut régner dans l'île, et pendant deux mois on put croire Tahiti pacifiée complètement.

Mais les Tahitiens savent dissimuler. Mettant rapidement à profit ce laps de temps, ils se rassemblèrent de nouveau, se comptèrent, et, après s'être concertés, ils résolurent de diriger une attaque simultanée sur Papeete par l'Est et par l'Ouest. Leur projet, habilement caché, allait être mis à exécution, lorsque ceux qui devaient attaquer par l'Est, impatients de combattre, devancèrent le jour indiqué en venant piller les districts voisins de Papeete, districts qui s'étaient toujours montrés favorables à notre cause (29 juin 1844). Le commandant Bruat se porta rapidement à leur rencontre ; il avait sous ses ordres le commandant de Bréa avec 450 hommes et le chef indigène Itoli avec 350 hommes indigènes alliés, soit au total 800 hommes ; les insurgés étaient au nombre de 2,000 environ. On franchit rapidement le défilé de Hapape, position que les rebelles auraient pu défendre avec avantage ; mais la rapidité de l'attaque ne leur en laissa pas le temps. Seuls, quelques éclaireurs engagèrent une courte fusillade avec notre avant-garde ; de là, on gagna le bord de la mer, afin de rester en communication avec le *Phaéton*, et on se porta en avant avec précaution, le pays étant extrêmement fourré et couvert de taillis épais. Toute la colonne était déjà engagée sur ce terrain, lorsqu'au moment où l'arrière-garde, formée par la 28e compagnie d'infanterie de marine, arrivait à hauteur du temple protestant de Hapape, l'ennemi, débouchant subitement sur nos derrières et sur notre flanc, commença l'attaque. — La 28e soutint bravement le choc sans se laisser entamer, sans reculer, laissant ainsi à la colonne le temps de revenir sur ses pas pour la dégager. Le feu devint alors tellement vif de notre côté que les insurgés durent se réfugier dans les bois et les taillis voisins ; mais, une fois abrités, ils ripostèrent avec énergie.

Cependant, les indigènes ne semblaient pas disposés à reculer, il fallait en finir : on donna alors l'ordre à M. Somsois, capitaine d'artillerie, de diriger le feu de son obusier sur les points où la résistance paraissait la plus vive, et après que le feu de cette pièce eut fouillé les brousses et les taillis de goyaviers, on sonna la charge. La 25e compagnie se précipite alors à la baïonnette dans les bois ; toutes les troupes suivent cet exemple, et bientôt l'ennemi, chassé de sa position, s'enfuit vers la montagne, poursuivi par les feux de nos troupes et par ceux du *Phaéton*. Ce combat coûta la vie à 21 hommes ; les peines des indigènes étaient beaucoup plus sérieuses, mais ne purent être déterminées facilement, car, pendant la lutte, ils avaient transporté dans la montagne leurs morts et leurs blessés. Le lendemain, dès la pointe du jour, on marcha sur Papanoo ; l'ennemi fuyait devant nous sans oser opposer de résistance, lorsque la marche en avant fut arrêtée. Le commandant Bruat venait d'être averti que la ville de Papeete, menacée par les insurgés de l'Ouest, avait besoin de secours. Ces indigènes avaient essayé d'attaquer le camp de l'*Uranie* (camp situé à la porte ouest de la ville), mais, ayant trouvé la garnison sur la défensive, ils avaient dû se retirer sans oser attaquer. Le commandant de l'*Uranie*, M. le capitaine de corvette Bonnard, résolut alors défaire une reconnaissance offensive sur Faa (30 juin 1844).

Il réunit tous les hommes qu'il put trouver dans le camp et à bord des bâtiments sur rade, forma un petit corps de 150 hommes et se porta sur le village de Faa au milieu de la nuit, et dans le plus grand silence. Le but du commandant Bonnard était de surprendre les indigènes pendant leur sommeil et de les disperser ; mais, soit que les insurgés fussent avertis de cette attaque, soit qu'ils eussent entendu la marche de nos soldats, ils étaient sur leurs gardes et reçurent la colonne par un feu très vif. Le but de la reconnaissance était manqué. Continuer une lutte dans la nuit, aurait pu être très dangereux pour nos soldats, qui, connaissant très peu le terrain, pouvaient tomber dans une embuscade : aussi le commandant Bonnard donna-t-il l'ordre de la retraite ; les insurgés n'osèrent poursuivre la petite colonne, qui rentra à Papeete, emportant ses morts et ses blessés ; parmi ces derniers, se trouvait le commandant Bonnard lui-même.

C'est à la suite de ce combat que le commandant de Papeete, craignant que les rebelles ne profitassent de ce petit succès pour venir attaquer la ville, écrivit au gouverneur pour réclamer son retour.

Partageant les craintes de M. d'Aubigny, M. Bruat suspendit la marche sur Papenoo, embarqua toutes ses troupes sur le *Phaéton* et les débarqua à Papeete, le même jour, à cinq heures du soir (1er juillet).

Mais les indigènes ne renouvelèrent pas leur tentative. Découragés par ces deux combats qui leur montraient que partout où ils se présentaient, ils étaient attaqués sans crainte, poursuivis sans hésitation, ils semblèrent se soumettre, et une trêve tacite s'établit de part et d'autre.

L'île respira de nouveau. Le gouverneur en profita pour écrire à la reine, la priant de revenir à Tahiti ; il lui faisait en même temps parvenir une lettre autographe de Louis-Philippe et de nombreux présents. Mais Pomaré, obstinée dans son entêtement, refusa d'entendre ses paroles de conciliation ; elle ne voulut même pas accepter la lettre du roi des Français.

Devant ce dédain et ces outrages, le gouverneur n'hésita pas : il fit réunir à Papeete, au commencement de janvier 1845, une assemblée de tous les chefs tahitiens qui avaient reconnu notre autorité ; M. Bruat se rendit au milieu d'eux, et, après leur avoir demandé de vouloir bien user de toute leur influence pour assurer la tranquillité de l'île, il raconta les démarches tentées auprès de la reine par le Gouvernement français et leur peu de succès. Quels étaient donc, ajouta-t-il en terminant, les projets de la reine ? Que voulait elle en répondant ainsi par des dédains et des injures aux paroles de paix des Français ? L'autorité royale n'était-elle pas compromise par la personne qui devait en avoir le plus de souci ?

Puis, montrant les désastres et les maux de la guerre civile à peine éteinte, il leur demanda instamment de choisir parmi les plus braves et les plus nobles d'entre eux, un nouveau roi qui gouvernerait de concert avec l'autorité française ; nul doute que la population tahitienne tout entière ne ratifiât leur choix.

Les chefs accueillirent favorablement les paroles du gouverneur ; mais pourtant, soit que la famille des Pomaré eût conservé encore parmi eux de nombreux partisans, soit qu'ils hésitassent à donner à l'un d'entre eux le souverain pouvoir, ils ne détrônèrent pas Pomaré IV, mais ils nommèrent Régent de Tahiti un ancien compagnon de guerre de Pomaré II, nommé Paraita. Aussi, à partir de ce moment, le nom de ce Régent devient inséparable de celui du gouverneur dans toutes les pièces émanant du gouvernement du protectorat.

La proclamation du Régent eut un grand retentissement dans toute l'île. Quand les indigènes virent que Paraita, guerrier célèbre entre tous, chef bien connu par sa valeur, reconnaissait l'autorité française et se prononçait ouvertement contre Pomaré IV, dont il blâmait les agissements, beaucoup de révoltés firent leur soumission : la tranquillité commença à revenir dans les districts, qui se repeuplèrent rapidement ; les habitants, dont un grand nombre s'était retiré dans les montagnes, revinrent sur le bord de la mer, et le gouverneur put croire sérieusement que tout était fini. Aussi se consacra-t-il tout entier à l'administration intérieure et à la construction de divers édifices qui, presque tous, existent encore aujourd'hui : témoignage durable de son activité et de son habileté. Les matériaux, pourtant, étaient difficiles à trouver, et encore étaient-ils d'une qualité secondaire ; comme ouvriers et maçons, on n'avait que le peu de soldats dont disposait la colonie.

Malgré ces grandes difficultés d'exécution, le commandant Bruat construisit les casernes, la manutention, l'hôpital et un certain nombre de magasins ; il fit creuser les remparts de Papeete et résolut de compléter la défense de la ville par la construction de plusieurs redoutes à quatre côtés qui, se reliant entre elles, protégeraient la route de ceinture de l'île, mettraient la ville à l'abri d'un coup de main et renseigneraient la garnison sur les mouvements de l'ennemi. Des tribunaux de paix à compétence étendue furent institués ; ils devaient servir de juridiction aux indigènes comme aux Européens. Puis, pour répondre au dédain injurieux dont avait fait preuve Pomaré en refusant la lettre et les présents du monarque qui la couvrait de sa protection, le gouverneur, de concert avec le Régent Paraita, rendit un arrêté par lequel l'île de Raiatea, où elle se trouvait, était déclarée en état de blocus (15 avril 1845). En même temps, et pour bien montrer aux Tahitiens que le Gouvernement français, s'il savait atteindre et punir ceux qui lui résistaient, savait aussi être bon et clément pour ceux qui le reconnaissaient franchement, on rapporta l'arrêté qui mettait Papeete en état de siège (8 mai 1845).

Enfin M. le commandant Bruat convoqua une nouvelle assemblée pour discuter les améliorations que les anciennes lois exigeaient et proposer les changements qu'elles pouvaient comporter. Au début de cette discussion, l'orateur du Gouvernement, Maré, portant la parole au nom du gouverneur, dit à l'assemblée :

« Le commandant Bruat est charmé de se trouver au milieu de vous, et c'est avec bonheur qu'il vous annonce qu'il a l'espoir le plus fondé que les troubles ont disparu. Son opinion est que lorsque les auteurs de ces troubles auront la conviction que l'Angleterre ne leur portera aucun secours, tout le monde se ralliera promptement au Gouvernement du protectorat, et nous n'aurons plus qu'à nous occuper ensemble des moyens d'assurer la prospérité du pays et le bonheur du peuple. Le gouverneur compte sur votre concours pour obtenir ce résultat. La première condition à remplir, c'est le respect de la loi. Il est dans vos attributions de faire celles qui vous régissent ; le Gouvernement protecteur a accepté les nouvelles lois, sauf celles sur les liqueurs fabriquées dans le pays (loi 5). Dans toutes les autres, il n'a fait que les changements que l'usage des lois lui a indiqués, et il a maintenu l'esprit qui présidait à la réforme, en adoucissant les peines et les amendes. »

Ce discours terminé, on lut et discuta toutes les lois au nombre de 30, et, la discussion terminée, le Régent Paraita se leva à son tour et dit :

« Voilà les nouvelles lois que vous devez suivre : elles seront imprimées en langue indigène et envoyées dans toutes les terres rangées sous ce Gouvernement, afin que tous les hommes connaissent ces lois ; elles seront aussi données à tous les juges, afin qu'ils se conforment dans leurs jugements à ce code nouveau. Gardez fidèlement et suivez avec soin ces présentes lois qui ont été établies pour le bien de ces terres. Observez aussi la parole de Dieu, ne produisez point le-trouble et réglez vos actions de manière à concourir tous à la production du bien général. Voilà ma parole à vous tous, hommes de Tahiti, de Morea et de ces terres de la Société, en vous remettant ces lois. Soyez sauvés par le vrai Dieu. »

Enfin, ces trente lois étaient complétées par cinquante et un arrêtés du gouverneur, ayant force de lois. Les travaux législatifs de cette assemblée, commencés en mai 1845, étaient terminés le 31 juillet de la même année. Ils étaient à peine achevés, qu'on vit arriver à Papeete, à quelques jours de distance, deux vaisseaux amiraux, l'un français, la *Virginie* (amiral Hamelin), l'autre, le *Collingwood*, bâtiment anglais, portant le pavillon de l'amiral Seymour (août 1845). Ces deux amiraux étaient envoyés par leur Gouvernement respectif et conformément à l'entente survenue entre M. Guizot et lord Aberdeen, pour régler l'indemnité qu'on était convenu d'accorder à Pritchard. Cette question fut facilement résolue : les deux amiraux tombèrent vite d'accord sur le montant de la somme à allouer au missionnaire-consul anglais ; mais de grandes divergences d'idées se produisirent quand il fallut spécifier le nombre des îles sur lesquelles devait s'étendre le protectorat français ; tandis que l'amiral Hamelin réclamait le bénéfice de la protection française non seulement pour Tahiti et Morea, mais encore pour les îles Sous-le-Vent) Raiatea, Bora-Bora,

Huahiné), îles qui faisaient partie du royaume des Pomaré, l'amiral Seymour bornait l'autorité française aux îles de Tahiti et Morea et refusait toute ingérence du protectorat relativement aux îles Sous-le-Vent. Sans instructions précises de leurs gouvernements, qui n'avaient pas prévu cette question, ils agissaient tous les deux selon leurs idées personnelles et leur initiative privée.

Malheureusement, et malgré toutes les précautions que prit le Gouvernement du protectorat, les déclarations de l'amiral anglais eurent un grand retentissement, non seulement dans les îles Sous-le-Vent, mais encore à Tahiti, où elles furent commentées, exagérées, dénaturées avec la plus insigne mauvaise foi par le parti qui nous était hostile. « Vous le voyez bien, disaient nos ennemis aux Tahitiens, l'Angleterre est toute-puissante ; et, devant ses volontés, les Français doivent s'incliner et s'arrêter. » Trop heureux de ces déclarations, les mécontents recommencèrent bientôt leurs agissements. Il fallait les arrêter dès le début : aussi M. le commandant Bruat résolut-il d'agir avec vigueur et, pour arrêter net tous les commentaires, il ordonna à la frégate « l'*Uranie* » de partir pour Huahiné et de soumettre cette île, dont l'indépendance venait d'être reconnue si publiquement par l'amiral anglais. Mais avant que le bâtiment ne fût en état de prendre la mer, qu'il eût embarqué ses troupes et ses munitions, l'amiral Seymour fit partir pour Huahiné un de ses officiers, qui n'hésita pas à franchir dans une pirogue indigène les 30 lieues qui séparent Tahiti de cette île.

Arrivé bien avant l'*Uranie*, il avertit les habitants de l'attaque dont ils étaient menacés, les rassembla à la hâte, et leur indiqua les mesures à prendre pour combattre les. Français à leur débarquement. Aussi, lorsque, plusieurs jours plus tard, l'*Uranie* arriva devant l'île (18 janvier 1846), les indigènes étaient sur la défensive ; une pièce de canon même avait été mise par eux en batterie. La frégate, n'ayant pu trouver de pilote, s'engagea, imprudemment dans une passe étroite, où, prise entre la côte et le récif, pouvant à peine évoluer, elle se vit dans l'impossibilité de se servir de son artillerie, tandis qu'au contraire la pièce des indigènes, habilement servie, venait frapper la frégate presque à chaque coup ; la position de l'*Uranie* commençait à devenir critique, quand, heureusement pour elle, la pluie vint à tomber ; la poudre des indigènes, qu'ils n'avaient pas eu la précaution d'abriter, se trouva mouillée, et le feu de la pièce cessa. La frégate française put alors sortir de ce mauvais pas sans trop d'avaries, et on décida pour le lendemain une nouvelle attaque sur un autre point de l'île : attaque qui aurait probablement réussi, équipage et soldats brûlant du désir de venger leur insuccès, quand l'*Uranie* reçut l'ordre de rallier immédiatement Papeete, où de très graves événements venaient de se produire.

Les deux amiraux étaient à peine partis, que les indigènes de Tahiti étaient recrutés et excités de nouveau contre nous par nos adversaires, qui, leur promettant la protection de l'Angleterre à bref délai, les décidèrent encore à s'insurger. Et, cette fois, la révolte prit des proportions considérables ; l'île entière marcha contre Papeete, où nous avions en tout, depuis le départ de l'*Uranie* et de la *Virginie*, à peine 600 hommes.

C'est avec cette poignée de soldats qu'il va falloir repousser les insurgés qui attaquent la ville de trois côtés différents : à l'Est, ce sont ceux de Punavia ; à l'Ouest, ceux de Papenoo ; au Sud, ceux de Fatahua, et cette fois, les différents chefs des insurgés communiquant entre eux par les vallées de Papenoo, du Punaru et le col du Diadème, se concertent pour agir avec ensemble.

C'est donc un siège en règle qu'il faut soutenir dans une ville presque ouverte, toute en longueur, présentant à peine quelques maisons en pierres ; les autres sont en bois, recouvertes de pandanus ; en outre, on est dépourvu de vivres, de munitions, et c'est à peine si on possède quelques pièces d'artillerie.

Tels sont les moyens de défense de la ville, contre un ennemi-nombreux, bien armé, et qui sait employer dans ses attaques la force comme la ruse.

Le gouverneur et sa petite garnison ne se découragèrent pourtant pas : tout le monde se mit courageusement à l'œuvre, et chacun fit des prodiges de valeur. Après avoir rapidement envoyé l'ordre à l'*Uranie* de revenir à Papeete, M. Bruat, pour laisser aux défenseurs de la ville toute leur liberté d'action, fit conduire les femmes, les vieillards, les enfants dans l'îlot de Motu-Uta, situé au centre de la rade ; puis il divisa sa troupe en trois parties, dont deux étaient, de jour comme de nuit, aux remparts ; le troisième tiers était employé aux corvées, aux distributions, à la police, de l'intérieur de la ville.

Trompant ces dispositions et profitant du petit nombre des défenseurs des remparts inachevés de la ville, les indigènes firent d'abord une tentative d'attaque par l'Est, et quand toutes les-troupes de la défense furent attirées sur ce point, ils se précipitèrent en nombre par l'Ouest. Là, ne trouvant pas ou peu de résistance, ils pénétrèrent jusqu'au centre de Papeete, entrèrent même dans l'hôtel du gouverneur. À ce moment seulement, l'alerte est donnée ; le commandant rassemble ses troupes et se précipite sur les assaillants ; une lutte sanglante s'engage alors de tous côtés ; dans les rues, dans les maisons, on combat corps à corps ; c'est une mêlée générale. Enfin, grâce aux généreux efforts des vaillants défenseurs de la ville, l'ennemi bat en retraite.

Mais, malgré ce succès, on pouvait envisager la situation comme très menaçante et on avait pu mesurer l'abîme où l'on avait failli tomber.

Une nouvelle surprise fut encore tentée, à quelques jours de là, par ces audacieux indigènes. Profitant d'une nuit sombre, ils mirent leurs pirogues à la mer et pagayèrent sans bruit dans la direction de l'îlot de Motu-Uta. Cette petite île, située au centre de la rade, devait être pour eux une conquête facile : elle ne renfermait, comme nous l'avons dit, que les vieillards, les femmes, les enfants ; de ce point qui complétait le blocus de la ville, ils pouvaient débarquer et donner la main aux leurs, soit à l'Est, soit à l'Ouest.

Mais leur plan échoua encore cette fois. Leurs pirogues étaient sur le point d'atteindre l'îlot, quand quelques résidents étrangers qui s'y trouvaient donnèrent l'alarme en tirant plusieurs coups de fusil ; les indigènes crurent qu'on avait eu connaissance de leurs projets et que l'îlot était gardé ; ils se retirèrent sans essayer de débarquer.

Cependant ces continuelles attaques épuisaient les forces de la petite garnison dans des veilles et alertes continuelles. La situation devenait des plus critiques ; le blocus se resserrait tous les jours ; les munitions et les vivres commençaient à manquer, tout annonçait un dénouement suprême, quand enfin parut à l'horizon l'*Uranie*, revenant de Huahiné : c'était le salut. Grâce à ce renfort, on put faire une sortie. Les indigènes, découragés par l'arrivée de la frégate, levèrent le siège de la ville et se retirèrent presque sans combat. Sur ces entrefaites, l'amiral Hamelin revint aussi à Papeete. Le gouverneur eut alors un nombre sérieux de soldats, avec lequel il résolut d'aller attaquer les indigènes dans leurs districts les plus reculés et de leur faire payer chèrement les alarmes qu'ils avaient causées à la ville. La première attaque fut dirigée sur le district de Papenoo, le 10 mai 1846.

Une colonne expéditionnaire formée de huit cents hommes, éclairée par une trentaine d'indigènes alliés, chassa les insurgés de toutes les positions qu'ils occupaient sur la route de l'Est et les mena ainsi l'épée dans les reins jusqu'à Papenoo, où ils essayèrent de résister ; mais, après un combat assez vif, ils se retirèrent en désordre dans la vallée de Papenoo, vallée qui est la plus vaste de l'île ; on essaya de les y poursuivre, mais on dut y renoncer, cette vallée étant absolument impraticable pour des troupes organisées.

Jusqu'au 23 mai, le gouverneur campa à Papenoo. Après avoir fait détruire tous les retranchements des insurgés, il fit construire une petite redoute sur le point dominant de la position, afin de protéger la route de la ville et de fermer l'entrée de la vallée, puis il prit un arrêté daté du bivouac de Papenoo, par lequel il récompensait les indigènes fidèles à notre cause en validant et répartissant entre eux les prises faites sur l'ennemi.

En revenant de cette expédition, la colonne entra dans la vallée de Fatahua, et là, comme à Papenoo, on détruisit tous les retranchements de l'ennemi. Cela fait, le gouverneur revint à Hapape (25 mai). Après avoir donné 48 heures de repos aux troupes et s'être concerté avec l'amiral Hamelin, il reprit sa marche sur l'autre camp des insurgés, situé à l'ouest de la ville, à Punavia.

La colonne expéditionnaire bivouaqua le 28 à Atumoro ; le lendemain elle marcha sur les retranchements ennemis élevés sur la route, que nos éclaireurs trouvèrent évacués.

Le 29, à neuf heures du matin, nous occupions Punavia et les abords de la vallée, où les insurgés s'étaient réfugiés. Le lendemain, on y pénétrait ; le premier retranchement fut trouvé inoccupé, et le second fut pris après un léger engagement. L'ordre avait été donné de s'arrêter à ce point, afin de permettre la reconnaissance du terrain, avant de s'engager plus profondément ; mais la troupe, entraînée par le succès et précédée par les éclaireurs indigènes, se précipita sur le troisième retranchement qui se trouvait situé à un point où la vallée se rétrécissait entre les parois à pic de la montagne ; cette position, déjà très forte par elle-même, était en outre défendue par un grand nombre t'insurges, qui ouvrirent le feu de la façon la plus vive à l'approche de nos troupes ; tandis que des deux côtés de la montagne, d'autres indigènes, lançaient d'énormes rochers et blocs de pierres. C'est en vain que la troupe essaye d'enlever la position à la baïonnette, elle est repoussée et contrainte de reculer ; c'est en vain que le commandant de Bréa veut tenter un suprême effort à la tête des plus braves, il tombe percé de coups.

C'était folie de continuer la lutte devant ce retranchement inexpugnable : on n'avait déjà perdu que trop de monde, dont deux officiers, MM. de Bréa et Pérotte, élève de 1re classe de la Marine ; le gouverneur le comprit et donna l'ordre de battre en retraite. Ce mouvement s'opéra en bon ordre et sans que l'ennemi osât nous poursuivre. L'entrée de la vallée fut fortement occupée, et pour en assurer le blocus de la façon la plus complète, le gouverneur y fit construire, comme à Papenoo, une redoute ; il ne quitta Punavia que lorsque cet ouvrage fut terminé.

Après ces deux combats de Papenoo et de Punavia, tout le littoral de l'île se trouva dégagé, et les insurgés furent contraints de se retirer dans le massif montai gneux du centre de l'île où, malgré les difficultés des crêtes et des passages escarpés, ils communiquaient entre eux par les sommets qui dominent la vallée de Fatahua. En un mot, ils occupaient le centre de l'île, et nous n'en possédions que la circonférence ; et si nous étions maîtres de l'entrée des vallées qui aboutissent à ce centre, ils en gardaient les flancs.

Ce n'était pas non plus par la famine qu'on pouvait espérer les réduire, car la montagne produisait en abondance une sorte de banane sauvage appelée feï, qui composait presque exclusivement la nourriture des indigènes. Et pourtant il fallait trouver un moyen de les déloger de leurs montagnes : c'étaient en effet des voisins fort incommodes pour nos établissements ; journellement ils sortaient de leurs vallées et venaient nous inquiéter et nous harceler. Arrivait-on en force pour les repousser, ils se retiraient immédiatement dans la montagne, pour revenir, quelques jours après, nous attaquer sur un autre point. Quelque dangereuse et aléatoire que fût l'entreprise, on devait se résoudre à aller les attaquer jusque dans leurs retraites.

Après de nombreuses études et reconnaissances préparatoires, le gouverneur résolut de tenter l'expédition, et l'ordre de marcher en avant allait être donné aux troupes, quand un indigène, nommé Maroto, se présenta au commandant Bruat ; cet homme connaissait mieux que personne la vallée de Fatahua, ses gorges, ses sentiers, ses moindres passages ; il y avait séjourné fort longtemps autrefois, alors que chasseur il poursuivait un oiseau appelé phaéton, dont le plumage très recherché servait de parure aux chefs tahitiens ; il promit au gouverneur de conduire une petite troupe de soldats par des passages à lui seul connus, jusque sur le plateau dominant le camp principal des insurgés.

On crut d'abord à une trahison ou à une embuscade ; mais, après l'avoir interrogé plusieurs fois, on finit par avoir confiance dans ses promesses, et on organisa l'expédition, d'après les dispositions suivantes : les troupes, placées sous le commandement de M. Bonnard, étaient divisées en deux colonnes : la première, sous les ordres de M. Brue, lieutenant de vaisseau, comprenait l'artillerie et la compagnie de débarquement de l'*Uranie* ; la deuxième, avec le capitaine Masset, était composée des voltigeurs et de la 31me compagnie du 1er régiment d'infanterie de marine.

Afin de ne pas inquiéter l'ennemi, le commandant Bonnard se contenta d'occuper l'entrée de la vallée de Fatahua : là, dissimulant ses hommes dans les brousses et hautes herbes, il les fit bivouaquer (16 décembre 1846). Le même jour, le guide Maroto entreprit seul son ascension : il fallait voir, en effet, si le chemin dont il avait parlé existait encore, et surtout si l'ennemi ne le connaissait pas et n'en gardait pas les issues. Parti à la pointe du jour, Maroto ne revint qu'à cinq heures du soir, exténué de fatigue ; mais il avait pleinement réussi : le sentier était libre et l'ennemi en ignorait l'existence ; apprenant cet heureux résultat, le commandant Bonnard parcourut le bivouac, demandant pour le lendemain une troupe de volontaires assez audacieux pour suivre Maroto dans une nouvelle ascension, qui, cette fois, devait conduire cette petite troupe à attaquer l'ennemi de revers, pendant que le reste de la colonne l'attaquerait de front ; 61 volontaires s'offrirent, et sous le commandement du second maître Bernaud, ils se mirent en marche dès la première heure, le lendemain 17 décembre, après avoir eu soin de quitter tous leurs vêtements, ne gardant que leurs fusils et leurs cartouches.

À onze heures du matin seulement, ils arrivaient au sommet des montagnes, après des dangers inouïs et des fatigues incroyables. À ce moment, et pour empêcher les indigènes de les apercevoir, le capitaine Masset, avec la deuxième colonne, simula une attaque par le bas de la montagne : l'attention des indigènes se porta immédiatement de ce côté, et ils ne cessaient de faire pleuvoir des quartiers de rochers et des pierres, dès que le capitaine faisait mine d'avancer ; pendant ce temps, une compagnie de l'*Uranie* était employée à rendre praticable le chemin par lequel étaient montés les volontaires. Presque toute la journée fut employée à ces préparatifs.

Cependant on n'avait plus de nouvelles des volontaires, et la nuit allait venir ; déjà certaines craintes, certaines appréhensions se produisirent : une trahison, après tout, était possible. Il n'en était rien, heureusement ; les volontaires continuaient lentement leur ascension : ils étaient alors arrivés à la partie la plus difficile ; tantôt à cheval sur des crêtes abruptes, ils devaient marcher à la suite les uns des autres, tantôt, obligés de se hisser à la force des bras, pour franchir une paroi verticale, il fallait rechercher la moindre aspérité, la moindre touffe d'herbe pour se retenir ; les mains, les pieds ensanglantés, ils ne se décourageaient pas et continuaient leur périlleuse escalade. Enfin, la dernière rampe est gravie, la dernière muraille de roc surmontée ; ils arrivent sur le plateau, but de leurs efforts, et peuvent voir à quelques mètres au-dessous d'eux la position et le camp des insurgés. Tous se lèvent alors, et au cri de « Vive le Roi » ! ils mettent en joue les indigènes étonnés et confondus de voir une troupe les attaquer d'un côté où jamais ils n'auraient supposé qu'un homme même pût arriver ; une sorte de terreur superstitieuse s'empare de leurs esprits, et, avant que les volontaires aient eu le temps de les aborder, ils rendent leurs armes et implorent la pitié du vainqueur ; le pavillon tahitien est renversé et remplacé par le drapeau tricolore.

À cette vue, le capitaine Masset se précipite avec ses voltigeurs. Croyant les volontaires aux prises avec l'ennemi, il se hâte d'accourir : ni les précipices ni les dangers de la route ne l'arrêtent, et bientôt il arrive au sommet ; sans perdre de temps, il occupe la position des insurgés et pousse ses troupes plusieurs kilomètres en avant dans la montagne, jusqu'au versant opposé qui domine la vallée du Punaru ; les couleurs françaises sont aussitôt arborées à cet endroit, et les indigènes de Punavia voient avec stupeur notre pavillon flotter sur la montagne comme à l'entrée de la vallée. Pris ainsi en tête et en queue, ils comprennent que la position n'est pas tenable et que leur soumission n'est plus qu'une affaire de quelques jours.

Ils répondent pourtant par un refus à la première sommation du gouverneur ; mais ensuite, craignant une nouvelle attaque, ils consentent à traiter.

Une assemblée générale fut immédiatement convoquée à Punavia (22 décembre), et là, un des chefs insurgés, prenant la parole au nom de tous, demanda solennellement à rentrer dans le Gouvernement du protectorat, promettant de ne jamais s'en séparer.

Le gouverneur répondit que, satisfait de ce qu'ils demandaient la paix, il leur rendait leurs terres, leurs pirogues, leurs plantations, leurs fruits, leurs filets de pêche, l'autorisation enfin de construire leurs cases sur le bord de la mer.

Durant toute cette énumération et selon l'usage tahitien, le chef qui avait parlé le premier tenait une pièce d'étoffe déployée devant le gouverneur, et quand celui-ci eut fini de parler, il la replia comme si elle contenait quelque chose de précieux, en disant : « Cette paix et tous ces biens que vous venez de nous donner, je les tiens là dans cette étoffe et je ne les laisserai pas échapper. »

Chaque district accepta ensuite, par l'organe particulier de son orateur, la paix et le pardon accordés au nom du Roi des Français. Puis ils remirent toutes les armes et munitions qu'ils avaient entre les mains.

Cette assemblée pacifia tout l'Ouest de l'île, c'est-à-dire plus de 2,000 individus, y compris les chefs Utomi, Maro, etc., et produisit le plus grand effet à Tahiti : aussi, dès que les insurgés de la vallée de Papenoo l'apprirent, ils se décidèrent à envoyer treize messagers à Papeete (24 décembre) avec le même cérémonial qu'à Punavia ; ils firent leur soumission et déposèrent les armes ; parmi eux se trouvaient les chefs qui les premiers s'étaient révoltés, les nommés Taviri, Farehau, Pitomai.

Tous reçurent la paix et reconnurent le Gouvernement du protectorat.

Le gouverneur, de son côté, pour montrer que le temps des guerres et des troubles était terminé, convoqua tous les chefs et toute la population de l'île à une grande fête donnée le 7 janvier 1847, qui devait être la fête commémorative du protectorat.

En même temps, la reine Pomaré IV, sollicitée de nouveau par le gouverneur de revenir à Tahiti, se décidait à accorder une entrevue à M. Bruat. Cette entrevue eut lieu le 7 février 1847, dans l'île de Morea ; la reine consentit à rentrer à Papeete, et à se placer sous le protectorat du Gouvernement français.

Elle débarqua à Papeete, au milieu des acclamations de la population et des salves d'artillerie des bâtiments sur rade. Rétablie dans tous ses droits et dans toute son autorité, sous la protection française, elle consacra, par sa présence, le retour définitif de la paix. Aussi, M. le gouverneur Bruat, qui venait d'être remplacé dans son gouvernement de Tahiti, écrivait-il au Ministre :

« Je m'estime heureux de pouvoir annoncer à Votre Excellence, avant de remettre à mon successeur la mission que je tenais de la confiance du Gouvernement, que les îles *Tahiti* et *Morea*, sont complètement pacifiées, et que je ne prévois pas de nouveaux troubles pour l'avenir. »

Depuis cette époque, en effet, Tahiti a joui d'une tranquillité parfaite. Après un règne de 30 ans (1827-1877), Pomaré IV mourut le 17 septembre 1877, laissant trois fils, dont l'aîné fut proclamé solennellement roi de Tahiti et dépendances, sous le nom de Pomaré V.

Sous ce prince, les bonnes relations entre les Français et les Tahitiens ne firent que s'accentuer, et, en 1880, le traité d'annexion fut signé entre le roi et M. Chessé, alors commandant des Établissements français en Océanie. Les Chambres ratifièrent cette annexion le 30 décembre 1880.

Depuis cette époque, Tahiti est colonie française.

Tahiti incarne le charme de la Polynésie. Le missionnaire Ellis nous donne une image vivante de ses impressions, quand, en 1817, il a regardé pour la première fois les paysages variés pittoresques et magnifiques de cette île.

Il raconte :

Nous avions vu successivement le long de son littoral, toute la diversité de la colline et de la vallée, des montagnes prodigieuses et des précipices rocheux, revêtus de toutes les variétés de verdure, de la mousse des promontoires en saillie sur le rivage, au riche feuillage de l'arbre à pin, la luxuriance orientale du pandanus tropical, ou les plumes ondulantes de la haute et gracieuse plantation de cocotier. La scène fut animée par la chute d'eau du côté de la montagne, la cataracte qui roulait le long de son lit rocheux dans les échancrures du ravin ou le ruisseau qui s'engouffrait lentement dans les vallées fertiles et cultivées ; les eaux du Pacifique qui roulent leurs vagues de mousse sur les récifs de corail, ou qui se jettent dans la rive brisée.

Il y a la sauvagerie du roman sur les vallées profondes et solitaires, autour desquelles les montagnes s'élèvent comme les flancs escarpés d'un amphithéâtre naturel, jusqu'à ce que les nuages semblent soutenus par eux - cela retient l'attention du spectateur et suspend, pendant un moment, ses facultés dans un étonnement muet, et dans un silence ininterrompu qui imprègne le tout. Nous aurions pu facilement induire l'illusion que nous étions sur le terrain enchanté d'une terre féerique.

Voilà l'histoire de Tahiti.